PROJET

D'UNE

ACADÉMIE EUROPÉENNE

AU SEIN

DE LA CHINE

PARIS

IMPRIMERIE ET LIBRAIRIE JULES BOYER

11, RUE NEUVE-SAINT-AUGUSTIN, 11

1874

PROJET

D'UNE

ACADÉMIE EUROPÉENNE

AU SEIN

DE LA CHINE

PARIS

IMPRIMERIE ET LIBRAIRIE JULES BOYER

11, RUE NEUVE-SAINT-AUGUSTIN, 11

1874

PROJET

ACADÉMIE EUROPÉENNE

DE LA CHINE

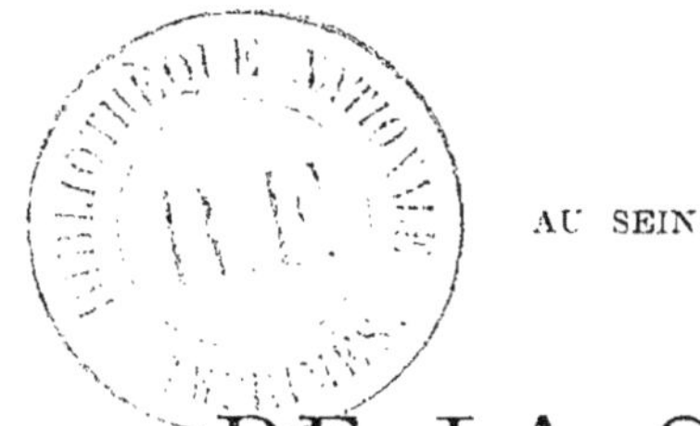
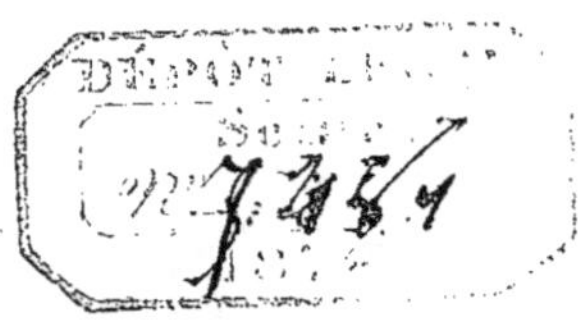

PARIS

IMPRIMERIE ET LIBRAIRIE JULES BOYER

11, RUE NEUVE-SAINT-AUGUSTIN, 11

1874

PROJET

D'UNE

ACADÉMIE EUROPÉENNE

AU SEIN DE LA CHINE

CHAPITRE PREMIER

Exposé des motifs.

La Chine est peut-être le pays le plus favorisé du Ciel sous le rapport des productions naturelles. Sans parler des contrées qui lui sont tributaires, la Chine, proprement dite, est plus étendue que l'Europe entière. Outre les productions spéciales au Céleste Empire, qui a la rare fortune de jouir de tous les climats, les Chinois, intelligents, actifs, laborieux, observateurs patients et sagaces, ont su *acclimater* chez eux les productions riches et variées des vastes contrées qui ceignent leur antique empire. Ils ont porté autrefois leurs armes jusque sur les confins de la mer Caspienne. Plusieurs provinces de la Perse ont été soumises à la Chine. A la fin du Ier siècle de notre ère, les Chinois occupaient encore en conquérants tous les plateaux de la haute Asie centrale, berceau du genre humain.

De toutes les anciennes monarchies célèbres dans l'histoire, la Chine seule subsiste encore avec ses institutions primitives. Sa langue, d'une richesse inouïe dans sa majestueuse simplicité, est parlée aujourd'hui par plus de *cinq cent millions* d'hommes. On a écrit, en cette langue, des encyclopédies si étendues, si riches en documents, qu'aucun peuple du monde n'a rien, à beaucoup près, à mettre en parallèle. L'Académie ou l'Institut chinois de Pékin, fondé au viiie siècle de notre ère, laisse loin derrière lui, par ses publications gigantesques, toutes les institutions modernes des corps savants de l'Europe. L'histoire, la géographie de la haute Asie nous sont presque inconnues. La Chine possède de nombreuses relations de voyageurs indigènes dans ces contrées intéressantes. Les arts, les sciences, la littérature .ont fleuri en Chine depuis plus de cinq mille ans. Cet empire nous a *devancé en tout* et *pour tout*. Ceci est un fait à l'abri de toute contestation.

La musique a été en grand honneur en Chine dès les temps les plus reculés. Cet art libéral marchait de pair avec la vraie philosophie. Confucius ne parlait de cette musique primitive qu'avec une sorte d'enthousiasme divin. Les Chinois ont écrit sur cette branche des beaux-arts de nombreux ouvrages. Aucun de ces ouvrages n'a encore été traduit en langue européenne.

La peinture, la sculpture ont, chez les Chinois, un cachet original très-curieux et qui mériterait d'être étudié par les artistes européens.

La médecine chinoise n'est point du tout de l'empirisme pur, comme on le croit généralement, sur le témoignage de relations légères. Elle est chez les Chinois le résultat d'une intime connaissance des propriétés des végétaux, des minéraux, etc., ainsi que celle des causes des maladies humaines. Le diagnostic est une branche de la médecine presque à créer chez nous, tandis que chez les Chinois elle est portée à un point de rare perfection. Les ouvrages de médecine chinoise nous sont entièrement inconnus.

Les Chinois possèdent de riches ouvrages sur l'histoire naturelle. On y fait connaître non-seulement les propriétés médicales des plantes, mais encore les applications variées que l'on peut en faire aux arts et aux métiers.

L'agriculture, si négligée et si routinière chez nous, est arrivée en Chine à une perfection admirable. La profession d'agriculteur est la plus considérée chez ce peuple laborieux. C'est pour honorer cette profession qu'a lieu chaque année, au printemps, la fête solennelle de l'agriculture, présidée par le Monarque de la Chine, accompagné de tous les hauts fonctionnaires de la Cour impériale. Les Chinois ont écrit de vastes ouvrages sur l'agriculture, sur l'horticulture, etc. On y trouve sur les méthodes, sur les procédés chinois des détails d'un très-grand intérêt.

Les notions de philosophie pratique sont vulgaires à la Chine, grâce au système uniforme d'enseignement public et libre dont jouit ce grand pays. Aussi, le bon sens pratique, le respect au principe d'autorité sont-ils plus vivaces chez les Chinois que chez nous, qui sommes si fiers de notre civilisation.

Les missionnaires catholiques ont commencé à faire connaître les richesses naturelles de la Chine. Mais les travaux incessants de leur ministère apostolique les absorbent au point qu'ils ne peuvent le faire ni avec activité, ni avec esprit de suite. En outre, pauvres eux-mêmes, ils ne peuvent suffire aux dépenses matérielles qu'entraîne, soit une correspondance fréquente, soit des envois d'objets en Europe.

Aujourd'hui, malgré tout ce que l'on a écrit sur la Chine, cet empire est peu connu et surtout mal connu. Les missionnaires peuvent *seuls* le faire connaître, parce que *seuls* de tous les Européens, sans exception, ils vivent dans l'intérieur du pays et sont en communication directe avec les indigènes. Tout porte à croire que de longtemps encore la Chine sera fermée aux Européens, tant est vif *l'esprit d'hostilité du peuple chinois contre les barbares d'Occident.* Le gouvernement français a envoyé, à plusieurs reprises, des naturalistes explorer les côtes de la Chine. Ces envoyés n'ont pu remplir leur mission scientifique que d'une manière très-sommaire et toujours à l'ombre et sous le patronage des missionnaires. Ces explorations ont causé d'énormes dépenses et, somme toute, rendu de bien minimes services.

Ces considérations générales ont donné naissance au projet de fonder en Chine une académie, dirigée par quelques vieux missionnaires très-versés dans la connaissance de la langue, des mœurs et des us chinois. Le but capital de cette Académie est de faire connaître la Chine à tous les points de vue et de favoriser *l'exportation de toutes les productions curieuses et utiles de ce vaste Empire.*

Nous prions instamment les amis de la science, les hommes dévoués à la chose publique, au progrès, de vouloir bien seconder activement l'auteur de ce projet, dont les vues sont tout à fait désintéressées. Il ne s'agit ici pour lui ni d'avantages personnels ni de considération humaine à acquérir. *Être utile à la science, à la religion, à sa patrie*, telle est son unique ambition.

On secondera ses efforts, en propageant le présent prospectus, en obtenant la promesse, soit d'un don en faveur de la future Académie, soit celle d'un abonnement à ses *Annales*. Cette promesse n'engage à rien tant que l'œuvre n'aura pas réuni le chiffre d'un capital suffisant pour commencer et pour assurer la prospérité de l'Académie.

Les personnes qui désireront des détails plus explicites sur l'Académie en projet pourront, en toute liberté, les demander au membre fondateur, qui se fera un bonheur de les leur donner. Car le présent exposé est nécessairement très-laconique.

On nous permettra de terminer ces considérations générales en disant que l'Angleterre accueillerait ce projet avec enthousiasme ; mais l'on désire avant tout qu'il demeure une œuvre exclusivement française.

CHAPITRE II

Règle générale et disposition de l'Académie Européo-Chinoise.

ARTICLE PREMIER.

Une Académie Européo-Chinoise est fondée au centre de la Chine, dans la ville de Han-Keou (1).

(1) Cette ville, ouverte au commerce européen par les derniers traités, est située sur le fleuve Bleu, au centre même de la Chine.

Art. 2.

L'Académie est composée de la manière suivante :
1° trois ou quatre missionnaires français, qui auront passé
chacun, au moins, vingt ans dans la Chine ; 2° de trois
ou quatre docteurs chinois ou Han-Lin ; 3° de trois ou
quatre herboristes-pharmaciens indigènes ; 4° de trois
habiles médecins du pays ; 5° de deux ou trois préparateurs ou naturalistes européens ; 6° de deux dessinateurs
européens.

Art. 3.

Le plus ancien des missionnaires est président-né de
l'Académie. Il est le directeur des travaux scientifiques.
Le plus jeune sera l'économe ou le procureur de l'Académie.

Les docteurs chinois seront chargés de dépouiller les
encyclopédies et autres ouvrages chinois, d'en faire les
extraits, d'en donner le véritable sens, etc.

Les herboristes-pharmaciens donneront les noms indigènes des plantes et des autres objets qui concernent
les différentes branches de l'histoire naturelle. Ils feront
des voyages à travers la Chine pour recueillir les pro-
duits variés de chaque province, etc.

Les médecins de l'Académie seront chargés de fournir
les documents sur les propriétés des plantes, etc., et no-
tamment sur tout ce qui concerne l'art de guérir chez
les Chinois.

L'office des préparateurs ou des naturalistes européens sera de reconnaître les objets soumis à leur exa-
men, d'en donner la nomenclature scientifique. Le musée
et la bibliothèque de l'Académie seront confiés à leur
garde.

Les dessinateurs européens feront les gravures, les dessins, les portraits, les vignettes, etc., destinés aux *Annales mensuelles* de l'Académie.

ART. 4.

L'Académie Européo-Chinoise publiera, chaque mois, un volume ou un fascicule d'*Annales*, parcourant successivement les différentes branches des sciences humaines dans un ordre réglé et adopté en conseil. Ainsi l'Académie publiera tour à tour :

1° Un fascicule sur les plantes de la Chine par ordre de famille. — Figures des plantes. — *Monographie complète*, avec texte chinois, d'après les auteurs indigènes.

2° Un fascicule successivement sur les différentes branches de la zoologie, savoir :

La mammalogie ;

L'ornithologie ;

L'icthyologie ;

L'erpétologie ;

La malacologie ;

L'entomologie, etc.

3° Un fascicule sur la minéralogie, la géologie ;

4° Sur l'histoire de la Chine, d'après ses historiens les plus authentiques ;

5° Sur la philosophie chinoise et celle des peuples voisins ;

6° Sur le polythéisme chinois et celui des peuples environnants ;

7° Sur la législation chinoise et celle des peuples voisins ;

8° Sur l'économie domestique des Chinois et celle des peuples adjacents ;

9° Sur la langue, la littérature et la poésie chinoises;

10° Sur la géographie et les curiosités naturelles du pays;

11° Sur la médecine chinoise;

12° Sur l'agriculture, l'horticulture et les procédés chinois y relatifs;

13° Sur les arts mécaniques et les métiers chez les Chinois et chez les peuples voisins;

14° Sur la numismatique chinoise et celle des peuples tributaires;

15° Sur la musique, la peinture, la sculpture des Chinois avec figures;

16° Sur l'art militaire des Chinois dans le passé et le présent;

17° Sur tout ce qui a trait au commerce chinois en général et en particulier; commerce à l'intérieur, à l'extérieur; règles de l'agiotage chinois; du prêt, etc.;

18° Biographie des hommes célèbres, en tout genre, chez les Chinois;

19° Sur la bibliographie chinoise et européo-chinoise;

20° Sur les peuples aborigènes ou les miaô-tsé de la Chine.

Art. 5.

L'Académie entretiendra des rapports très-suivis avec les missions catholiques de chaque province de Chine. Elle y déléguera ses membres chinois lorsque la nature de certaines recherches le demandera.

Art. 6.

L'Académie aura, dans sa demeure, le matériel suffisant d'une petite imprimerie européo-chinoise pour ses publications. Plusieurs ouvriers typographes, soit chinois, soit européens, seront attachés au service de cette imprimerie.

ART. 7.

Les *Annales* mensuelles seront offertes : 1° aux bienfaiteurs-fondateurs de l'Académie ; 2° à chaque mission de Chine en communication de travail avec l'Académie.

Le prix de l'abonnement régulier aux *Annales* sera de   francs par an. On ne peut s'abonner pour moins d'un an.

ART. 8.

Les revenus de l'Académie consisteront : 1° en dons volontaires offerts pour la fondation et placés en rentes perpétuelles ; 2° dans le revenu provenant soit des abonnements aux *Annales*, soit de la vente au numéro de ces mêmes *Annales*.

ART. 9.

L'Académie fera des envois d'objets au Gouvernement français pour ses établissements publics et aux Sociétés savantes de France qui en feront la demande. L'Académie sera un actif propagateur de l'acclimatation de toutes les productions chinoises, utiles à importer en Europe.

ART. 10.

Un compte rendu annuel de la situation financière de l'Académie ainsi que celui de ses travaux scientifiques, sera dressé et envoyé aux Bienfaiteurs et aux Souscripteurs de l'Académie.

ART. 11, TRANSITOIRE.

L'Académie, au début, aura un personnel très-restreint. Un missionnaire, un lettré chinois, un naturaliste chinois, un préparateur européen, en tout quatre ou cinq personnes. Les frais seront donc peu considérables. D'année en année, selon ses succès, l'Académie étendra son horizon et augmentera son personnel, afin de multiplier ses travaux.

Ci-après les formules de souscription.

Le Membre fondateur de l'Académie,

PAUL PERNY,

Anc. Prov. ap. de Chine.

Saint-Cloud, rue d'Orléans, n° 11

3221.74. — Boulogne (Seine). — Imprimerie JULES BOYER.

3222.74. — BOULOGNE (SEINE). — IMPRIMERIE JULES BOYER

3222.74. — BOULOGNE (SEINE). — IMPRIMERIE JULES BOYER